TRIBUNAL CIVIL DE LA SEINE

PRÉSIDENCE DE M. BENOIT–CHAMPY

LA FAMILLE DE TREIL DE PARDAILHAN

Defenderesse   BOUTET.

CONTRE

Le comte Jules de PARDAILLAN

Demandeur   BENOIST.

NOUVELLES PIÈCES JUSTIFICATIVES

1° DE LA NOBLESSE DE LA FAMILLE DE TREIL

2° DE L'ÉTAT DE TERRE NOBLE DE LA BARONNIE DE PARDAILHAN

3° DU DROIT DE LA FAMILLE DE TREIL AU NOM DE PARDAILHAN

PARIS

TYPOGRAPHIE ET LITHOGRAPHIE RENOU ET MAULDE

144, rue de Rivoli, 144

1869

VI

Noble JEAN de TREIL

(Page 23 du 1ᵉʳ mémoire.)

---

12 NOVEMBRE 1587

DEBTE DE DENIS PORTES, MERCHANT, CONTRE PIERRE CALAS, MERCHANT
DE LA DICTE VILLE.

L'an mil cinq cens quatre vingtz seitze et le doutziesme jour de novembre, dans Sainct Pons a este presente et constituée en personne par
devant moy notaire et tesmoingz soubzsignée Pierre Calas, merchant de
la dicte ville qui a confesse debvoir et estre attenu payer a Denis Portes
merchant de la dicte ville present acceptant la somme de unse escus
quarante cinq solz faisant trente cinq livres et c'est tout pour le contenu
en une promesse escripte et signée par ledict Calas le premier de may
mil v'IIII** quinse, qu'a este adveree presentement par devant moy
notaire et tesmoingz par le dict Calas et après par luy retirée biffée et
cancellée que pour trois livres cinq solz de marchandise qu'il a receu de
la botique du dict Protes (*sic*) ce jourd'hui comme le dict Calas l'a dict.
Laquelle somme de trente cinq livres cinq solz le dict Calas a promis
paier et rendre au dict Portes d'icy à ung an sur l'obligation de sa personne et biens qu'a soubzmis aux forces et rigueurs des courtz et seelz
maige de Carcassonne, Beziers, et autres du presant royaume et renoncant
a tout droict à ce contraire et ainsi a juré a Dieu levant sa main droicte

VIII

Noble ANTOINE de TREIL

(Page 29 du 1ᵉʳ mémoire.)

SANS DATE

. . . . Pons de Thomières, après midy, regnant tres-chretien prince Louis, par la grâce de Dieu ᵣoy de France et de Navarre,

Devant moy, notaire royal en ladite ville et témoins basnommés.

Establi en personne Pierre Guiraud, fils à feu Jacques, habitant du masage de Mezeilles terre de Vieussan (1) lequel de gré, par vertu du présent acte, a vendu et vend purement et simplement et à perpétuité, sans aucune restriction, *au noble Antoine Truel, habitant d'Ornac*..............

---

(1) Dans le département de l'Hérault.

2

IX

Noble JOSEPH de TREIL

(Page 31 du 1er mémoire.)

---

24 MAI 1752

Vente notariée à « *M᷍ Joseph Treil de Pardailhan, citoyen dudit Saint-Pons, dicy absent, mais messire Trœil, sieur Dournac, son fils, chanoine en l'église cathédrale dudit Saint–Pons, pour ledit sieur, son père, stipulant et acceptant.* »

20 DÉCEMBRE 1756

Provisions de l'office en survivance de conseiller secrétaire, maison couronne de France, en la chancellerie près la Cour des comptes, aydes et finances de Montpellier, en faveur du *sieur Joseph Treil.*

17 MARS 1762

Obligation notariée par Louis Donnadieu, habitant du masage de Coulomna, *terre de Pardailhan,* au profit de « *noble Joseph de Trœil conseiller et secretaire du roy, maison couronne de France, citoyen dudit Saint Pons, absent, mais noble François de Pardailhan, seigneur dudit lieu pour lui présent, stipulant et acceptant.* »

Iᵉʳ ET 21 MAI 1764

Quittances notariées par les sindics et trésoriers des pauvres de Car-
bes, Mazères, Malepeyre, Bazas, Lalandelle, Saint Sernin de Toulouse à
« *messire Joseph Treil, conseiller, secrétaire du roy en la chancellerie
près la Cour des comptes, aides et finances de Montpellier, baron de la
Caunette* » de sommes à valoir sur le prix de la terre de la Caunette.

15 MARS 1779

L'an 1779 et le 15 mars a été enseveli messire Joseph de Treil, con-
seille, secrétaire du roy, écuyer et seigneur de la Caunette et autres
lieux, décédé dans la communion de l'Église le jour d'hier, âgé de
quatre vingt dix et huit ans.

Certifié conforme au registre par nous, maire de la ville de Saint-

Pons : le 18 mars 1869,   Sᵢcard.

X

Messire FRANÇOIS de TREIL

Page 41 du 1er mémoire.)

---

21 AOUT 1750

Provisions de l'office de conseiller secrétaire maison couronne de France, en la chancellerie près la Cour des comptes, aydes et finances de Montpellier, en faveur de « notre cher et bien amé Francois Treil. »

DEUXIÈME PARTIE

État de terre noble de la Baronnie de PARDAILHAN

(Page 45 du 1er mémoire.)

22 AVRIL 1613

.... Cejourd'huy, vingt deuxième jour du mois d'avril mil six cens treize, regnant très chrestien prince Louis par la grâce de Dieu roy de France et de Navarre, dans Sainct Pons de Thommières, par devant moy notaire royal soubzsigné et presens les tesmoingz bas nommez ont este establis et constituez en leurs personnes .... noble François de Cabrol, escuyer, seigneur de Salemeille et... damoiselle Marie de Bruguer-roux...... lesquelz de leur bon gré, par teneur de cest instrument, au gré et présence de damoiselle Jeanne de Garthole, mère de la dicte Marie, de... Jaques de Bruguerroux, sieur de Capujol, oncle maternel de la dicte Marie *et noble Francelin de Bruguerroux escuyer, sieur de Pardeillan* homme d'armes de la Compagnie d'ordonnance de monseigneur le connestable, frère de la dicte Marie acceptans ont apreuvéz, ratifiez confirmez et esmologuez les dictz pactes de mariage..... etc....

Signé : Jehanne de Gartoule,

François de Cabrol,

Marie de Brugairous,

Pardelhan.

Chabbert, *notaire.*

7 OCTOBRE 1615

Debte pour le sieur Pierre Portes contre M. de Pardeillan.

L'an mil six cens quinze et le septiesme jour du mois d'octobre, regnant très chrestien prince Louis par la grace de Dieu roy de France et de Navarre, dans Sainct Pons de Thomieres, en présence de moy notaire royal soubzsigné et tesmoingz bas nommés a esté estably en personne *noble Francelin de Bruguerroux, escuyer, seigneur de Pardeillan*, habitant dudict Saint Pons qui de gré, par cest instrument, reco-

3

gnoist et confesse debvoir au sieur Pierre Portes bourgeois de la dicte ville présent et acceptant la somme de trois mille livres.

Signé :

Pardelhan, Portes, Rey, Pagès, Chabbert.

8 AVRIL 1620

Mercredi 8 avril 1620, en la seconde chambre des enquêtes ; présens : messire de Chalvet, président, Josse, Lafont, Trelon, Benoist, Senaux, Tompignac, P. Assezat, Desplatz, J. Assezat, T. Maussac, Noé, Siméon, G. Barthelemy, Delom.

Entre Jacques Tarboriech, appelant de la sentence donnée par le sénéchal de Carcassonne ou son lieutenant, le 4 décembre 1618, d'une part ;

Et *Francolin de Brugairaux, sieur de Pardeilhan,* appelé, d'autre.

Et entre le syndic des consuls et habitants de Pardeilhan. . . . . .

. . . .

Veu le procès plaidé des 20 février 1619, 9 janvier, 28 février 1620, second du présent mois d'avril, arrêts de la cour desdits jours 28 d'août 1617 et second d'août 1618, autre arrêt duquel l'interprétation est demandée du 11 février dernier : procédures sur lesquelles lesdits arrêts sont intervenus, arrêt du conseil privé du roi du 11 mai 1618, transaction du 8 juillet audit an, incidents introduits. . . . . . .

. . . .

Inféodations du 13 juin 1465 et 28 novembre 1525, quittance de lods du 1ᵉʳ mars 1539, lettres patentes du roi saint Louis du mois de décembre de l'an 1256, autres lettres patentes du roi Charles du pénultième avril 1379, autres lettres patentes du roi Louis XI du 4 mars 1461, arrêt de la cour du 18 juin 1618, autre incident introduit.

. . . .

Ensemble le dire et conclusions du procureur général du roi.

Il sera dit que la Cour, sans avoir égard aux lettres en forme de requête civile et autres lettres impétrées tant par ledit syndic que par ledit Tarboriech, ni aux moyens de faux par eux baillés, à mis et met l'appellation au néant et a ordonné et ordonne que ce dont a été appel, ensemble les arrêts des dits jours 28 d'août 1617, second d'août 1618 et transaction du dit jour huitième juillet au dit an mil six cent dix-huit, sortiront leur plein et entier effet et a condamné et condamne ledit syndic et Tarboriech et chacun d'eux en l'amende ordinaire envers le roi et moitié moins envers ledit Brugairoux pour ses dommages-intérêts, et disant droit sur l'incident joint par l'arrêt du dit jour 11 février dernier, a condamné et condamne lesdits André Tarboriech, autre André, Pierre, Augustin, Amand et André Tarboriech, Jacques Tarboriech dit Messuret, et autres dénommés audit arrêt, payer audit de Brugairoux la quantité de grains que chacun d'eux est tenu consigner par ledit arrêt dans le mois après la signification du présent arrêt, à la charge par ledit Brugairoux de leur tenir en compte ce qui s'en trouvera avoir été d'eux reçu tant par icelui de Brugairoux que par ses fermiers, et a condamné et condamne lesdits syndics et Tarboriech aux dépens de l'appel, lettres et incidents comme chacun concerne, et lesdits André Tarboriech et autres compris audit incident joint par ledit arrêt, aux dépens dudit incident envers ledit Brugairoux, la taxe réservée : comme aussi disant droit sur autre incident joint par l'appointement dudit jour 14 mars dernier, a baillé et baille audit Guillem Guillemon la recréance pure et simple de la somme de huitante trois livres huit sols et neuf deniers pour le contenu et exécutoire produits audit incident, à la délivrance de laquelle les dépositaires seront contraints par toutes voix dues et raisonnables et par corps si besoin est, tous dépens pour ce regard et pour cause. — De Chalvet, président, Deloucy, conseiller rapporteur, signés.

Pour copie conforme,

Le Secrétaire-Général de la Préfecture,

Signé : JOLY.

1670

. . . .

M. le marquis de Brugairoux, seigneur de Pardaillan, possède noblement

Un château, basse-cour, jassé et tours assis au masage de Pontguiraud, avec sa fausse braye autour dudit château....

26 DÉCEMBRE 1693

Bail notarié à locaterie perpétuelle par messire Jean-François de Portes, *seigneur de Pardailhan* à Jean Cathala, du masage de Cathala, terroir dudit Pardailhan, un pré arrozant....

« Francs et quittes de toutes tailles à la charge du passé jusques ce jourd'huy, *rellevant de la seigneurie directe des seigneurs dudit Pardailhan sous les charges portées par les reconnaissances,* et le présent Bail est fait pour et moyennant la rente annuelle et perpétuelle de deux quartiers de bled froment beau et marchant, mesure dudit St-Pons, porté et rendu au château de Pontguiraud, payable à chaque feste Notre Dame d'aoust. Et, outre ce, ledit Cathala sera tenu de payer toutes tailles et charges ordinaires et extraordinaires qui s'imposeront sur lesdits biens et *tous droits et devoirs seigneuriaux.* »

24 OCTOBRE 1696

Par contrat du vingt-quatre octobre 1696, délivré le six décembre suivant.

Les commissaires généraux députés par S. M. pour la vente de ses domaines.

Ont vendu à *Jean de Portes de Pardailhan*

Le domaine de Pardailhan, province de Languedoc, consistant en la moitié de la justice haute, moyenne et basse seigneurie directe et foncière, cession, usages, droits de fourrage et servantage; droits de tasques, droits de lods, prévention, chasse, pesche, péage, pacage, queste annuelle terrage et généralement tous autres droits appartenant à S. M. dans ladite terre, où *ledit de Pardailhan* est seigneur en paréage avec le Roy, moyennant la somme de huit mille cent livres.

Pour extrait collationné à l'original, étant aux archives nationales, section domaniale, carton des minutes de reventes du département de l'Hérault.

En foi de quoi, j'ai apposé le scel des archives, Paris, ce vingt-neuf vendémiaire, an dix de la République française.

Pour le garde des archives nationales,

Le dépositaire de la section domaniale,

Signé : CHEYRÉ.

1ᵉʳ FÉVRIER 1697

Ce jourduy, premier février 1697, a esté convenu et accordé au sujet des contestations survenues sur les limites et bornes de séparation des terres de Pardalian et la Caunete

Entre messire Charles de Casales de Sounens, seigneur de la Caunete, et messire Jean-François de Portes, *seigneur de Pardalian*;

Ce qui sen suit :

. . . .

Infin accordé entre nous senieurs susdits, duquel a esté fait double quavons tous les deux signés pour les observer et faire observer à nos communautés.

PARDAILHAN, SOUNENS.

14 DÉCEMBRE 1705

Arrêt de la Cour des comptes, aydes et finances.

Entre François de Portes, *baron de Pardailhan*, en paréage avec le roy, son conseiller au parlement de Toulouse, demandeur par requête du 28 juillet 1703, en cassation pour attamptat et indu recours de la saisie faite en vertu d'un comitimus des requêtes du palaix à Toulouse, du droit de tasque et de dixme sur les meteryes de Camboussel, Treille, Lalonnière et Laboissière située dans ladite terre et *seigneurye de Pardaillau*, reconnu au proffit du roy et du sieur de Portes....

Et le syndic des religieux Bénédictins de St-Chinian, demandeur par requête du 17 juillet 1704 en desaveu de la saisie....

A ordonné et ordonne que le sieur de Portes remettra dans quinzaine aux archives du roy près la cour, les deux registres des reconnaissances de leurs terres et *baronnie de Pardaillan* de l'année 1410.

8 JANVIER 1706

A nosseigneurs des comptes, aydes et finances

Supplie humblement noble Jean-François Deportes, *seigneur et baron de Pardailhan*, conseiller au parlemeut de Toulouse,

Disant qu'au procès qu'il a pendant eu la cour contre le sindic des bénédictins de St-Chénian, il fut rendu arrest le 14ᵉ dernier portant qu'avant dire droit sur les demandes respectives des parties, le suppliant remettrait aux archives du domaine près la Cour deux registres de reconnaissance de la terre de Pardeilhan de l'année 1410.

A ces causes, veu le certifficat du garde des archives, l'arrest de la Cour cy attachés, et tenant la déclaration du suppliant comme il n'a jamais eu en son pouvoir le second registre des reconnaissances de 1610 demandé par le sindic des benedictins, il vous plaira, nosseigneurs, decharger le suppliant de la remise à laquelle il se trouve condamné......

20 JANVIER 1706

Nous soubzignés, comis à la garde des archives du domaine du roy près la Cour des comptes, aydes et finances de Montpellier, certiffions pour servir à qui il appartiendra que le registre des recognoissances de l'année 1410, concernant *la terre de Pardailhan*, signé Delamassa, notaire, est actuellement dans lesdits archives ainsi que nous avons vériffié ce jourdhuy vingtième jour du mois de janvier 1706.

Darles.

23 JANVIER 1706

Nous soubzignés commis à la garde des archives du domaine du Roy de la Provence du Languedoc, près la Cour des Comptes, aydes et finances de Montpellier, certiffions comme cejourdhuy 23ᵉ jour du mois de janvier 1706 le sieur Geoffre n'a pas encore remis dans les dites archives un extrait de recognoissance de l'année 1410 *de la terre de Pardaillan*, dont la remise a esté ordonnée par l'arrest de ladite Cour.

A Montpellier, ledit jour 23 janvier 1706.

Darles.

30 JANVIER 1706.

Extrait des registres de la Cour des Comptes, aydes et finances de Montpellier.

S'est présenté devers le greffe de la Cour, sieur Jacques-Cathala, de la ville de Saint-Pons, distant de vingt lieues, lequel a affirmé être venu exprès à cheval à la suite de la Cour et y être arrivé cejourd'huy, pour remettre un extrait des recognoissances de l'année 1410 aux archives du

Roy près la Cour, pour *M. le baron de Pardaillan* contre le syndic des Bénédictins de Saint-Chinian, déclarant qu'il y séjournera jusqu'à ce qu'il ait une décharge de M. Darles, garde des Archives.

Dont il a requis acte, assisté de Mᵉ Blanc, son procureur, et a signé le 30 janvier 1706.

25 JUILLET 1710

Demoiselle *Françoise de Pardeillan,* fille de *M. de Pardeillan* et de Mᵐᵉ son épouse, est décédée dans la cᵒⁿ de l'Église, le 25 juillet 1710. Elle a été enterrée, présents M. Mas et Mazère prêtre, Dalbin curé, signés.

Certifié conforme au registre, à Saint-Pons, le 18 mars 1869.

Le maire : Sɪᴄᴀʀᴅ.

8 AOUT 1717

TRANSACTION AU SUJET DE LA DIME DE PARDAILHAN ET SAINT-JEAN.

Pour ce est-il que cejourd'hui, huitième jour du mois d'août mil sept cent dix-sept, dans la ville de Saint-Pons de Thomières, régnant très-chrétien prince Louis, par la grâce de Dieu roy de France et de Navarre, par-devant nous, maire royal de ladite ville, soubsigné, et présents les témoins bas nommés, ont été présents et constitués en leurs personnes, ledit sieur Dumay, prêtre chanoine et syndic dudit chapitre d'une part, ladite *dame de Villespassans de Pardailhan,* lesdites Embelier Baille, Bourdel, consul, Cathala et Campman, habitants de *la paroisse dudit Pardailhan,* et lesdit Decor, consul, Laureas Jean et Miquel, habitans de ladite paroisse de Saint-Jean, d'autre ;

Lesquelles dites parties, comme procèdent et ezqualités ci-dessus expliquées, sous le bon plaisir de ladite Cour, ont mis fin audit procès, ses suites, circonstances, etc., dépendances et promis de ne

plus faire aucune poursuite, et, au surplus, ledit sieur Dumay, chanoine et syndic en vertu de ladite délibération du chapitre, a déclaré
tenir les preuves ordonnées par le susdit jugement des requêtes, et con-
venues par ledit acte d'accord pour faites, et, en conséquence, ont convenu, transigé et accordé qu'à l'égard desdits *habitants de Pardailhan*, la
cote de la dîme demeurera fixée, à l'avenir et pour toujours, sur le pied
de quarante-six gerbes cinq, suivant l'usage et ancienne coutume, et, à
l'égard desdits habitarts de Saint-Jean, que la cote de la dîme se paiera,
à l'avenir et pour toujours, pour les terres comprises dans le terroir ou
fief appelé le Rond-des-Relligieuses, sur le pied de quarante-neuf gerbes
cinq aussi, suivant l'usage et ancienne coutume.......................

....

Collationné par nous, conseiller-secrétaire du Roy, Maison,
Couronne de France, audiencier de la chancellerie près le
Parlement de Toulouse.

Cazal.

6 JUILLET 1722

Bibliothèque Mazarine.

Extrait des pièces fugitives, pour servir à l'histoire de France, par le
marquis d'Aubays, page 342, tome Iᵉʳ, 2ᵉ partie :

6 juillet 1722. Hommage rendu au Roi par François-Joseph de Portes
pour sa seigneurie de *Pardaillan*. Baronnie.

31 DÉCEMBRE 1749

Cejourdhuy dernier décembre 1749, il a été convenu entre M. le président *de Pardailhan*, marquis de Portes, d'une part,

Et Antoine Fabre de Saint-Martial, d'autre,

Scavoir : que *ledit seigneur de Pardailhan* fait vente par cette pré-

sente police audit Fabre, acceptant, de la maison et jardin qu'il a à
Saint-Martiaal...
....
Et ledit Fabre jouira de ladite maison et jardin et les faira mettre sur
son compoix des aujourdhuy, et ladite maison et jardin resteront toujours
*dans la seigneurie directe dudit seigneur de Pardailhan, et seront assujettis
à tous les droits seigneuriaux* comme ils étaient du temps lorsqu'ils
étaient sur la tête dudit feu Cauquil, et tout comme sy ledit Fabre les
avait acquis dudit feu Cauquil sans que ledit seigneur de Pardailhan fuct
intervenu dans la présente vente.

Fait double à *Pardailhan* lan et jour que dessus.

PARDAILHAN. FABRE.

Je soussigné Antoine Fabre, étant dans l'impossibilité d'acquitter les
sommes cy dessus dont je suis encore débiteur en entier, fais cession,
remission et transport des dites sommes contenues en lacte cy dernier et dessus a *monsieur Treil, seigneur et baron de Pardailhan*,
lequel je mets en lieu et place et investis des pièces de terre y contenues :

A Belieux ce 14ᵉ novembre 1750.

Approuvant l'écriture ci dessus. FABRE.

J'ay reçu de M. Treil les 140 livres contenues ci-dessus, dont le quite, à
à Toulouse le 17 janvier 1751.

Le Président PARDAILHAN.

17 OCTOBRE 1750

Lan 1750 et le 17ᵉ du mois d'octobre, après midy au lieu Dazile, et
dans le parloir du dévôt monastère Sainte-Claire du dit lieu, diocèse de

Narbonne, senéchaussée de Carcassonne, par devant nous notaire royal du dit azille et devant les témoins bas nommés ont esté présantes illustre dame *Henriette de Pardailhan*, abbesse du dit monastère, et dames Marianne Devèze, Claire de la Vilette, Jeanne Angélique de Rézin, Gabrielle Rose des Pradelz, Charlotte Brigitte de Lascars, Catherine d'André et Philisse Therèze de Raynaud, toutes religieuses professes du dit monastère, faisant et composant le chapitre et communauté de la dite abbaye préalablement assemblées au son de la cloche et ayant unanimement délibéré sur l'objet du présent acte, d'une part, messire François Joseph de Portes, marquis du dit lieu, président au parlement de Toulouse et *baron de Pardailhan*, icy présant, d'autre part, lesquelles parties, scachant que la feu dame de Magnies abbesse et le dit chapitre et communauté du dit monastère Dazille auraient par acte du vingt-un mil sept cens sept passé devant Antoine Cartou, notᵉ du dit Azille et pour les causes et motifs y contenues cédé et relaxé à perpétuité à messire Jean François de Portes, *baron de Pardailhan* conseiller au parlement, pour la rente annuelle et perpétuelle de cent trente-cinq livres, toutes les tasques en grain du lieu et paroisse de Saint-Jean de Dieuvailles sur lesquelles le dit monastère aurait esté assigné pour vingt deux livres douze sols six deniers en mille trois cens soixante deux par les exécuteurs testamentaires de la dame Elisabet de Lévy comtesse du dit azille lequel acte du vingt-un mars mil sept cens sept aurait esté par lavis et aprobation de monseigneur Charles Lé Goux de la Beichere lors archevêque de Narbonne qui l'aurait authorizé et approuvé en tous ses points suivant les termes de son approbation signée le troisième mai mil sept cent sept Charles archevêque de Narbonne et plus bas par Mgr signé Langlois, mise au bas de l'expédié en forme du dit acte . . . .

26 AVRIL 1752

LETTRES PATENTES PORTANT CONFIRMATION DU CONTRAT DU 17 OCTOBRE 1750 POUR LE SIEUR FRANÇOIS JOSEPH DE PORTES, MARQUIS DU DIT LIEU, BARON DE PARDAILHAN.

22 JUILLET 1764

L'an 1764, et le 22ᵉ jour du mois de juillet, par nous Joseph Anglade, huissier en la cour Royalle, résidant à Saint-Pons, soussigné,

. A la requisition de Joseph Cathala, maître marechal à la forge du mas de Pez,

Assignation a été donnée au nommé Piganon, ménager dudit Pez.

A comparoir au 8ᵉ jour après cet exploit, *pardevant MM. les officiers ordinaires de la Baronnie de Pardeilhan*, pour.....................

15 JUILLET 1765

Pierre-Benoit Fourcade, avocat en parlement, *juge en la justice ordinaire de la Baronnie de Pardeilhan*...................... ....

Ouï Mᵉ Coulon, avocat pour ledit Cathala, qui dit avoir obtenu défaut le 15 juin dernier, pour le profit et l'utilité duquel il a requis les frais de son exploit avec dépens,

Nul au contraire pour ledit Piganon n'a comparu pour requérir ny défendre,

M. le Procureur fiscal conclut aux frais de l'exploit,

Le défaut ayant été bien et dûment poursuivi et entretenu, appointé, disant droit à l'utilité, avons condamné et condamnons . . . .

23 SEPTEMBRE 1765

Requérant Mᵉ Gérard, avocat postulant de Pierre Piganon, ménager, habitant du masage de Pez terroir de Pardeilhan, somme et requiert Mᵉ Coulon, avocat postulant de Joseph Cathala, maréchal à forge dudit masage, d'en venir à *la prochaine audience qui se tiendra pardevan MM. les officiers ordinaires de la Baronnie de Pardeilhan, pour y plaider en l'instance*.....................................

17 AOUT 1771

L'an 1771 et le 17° aoust par nous Jean Chanardes, *huissier en la Baronnie de Pardailhan résidant à Saint-Chinian*, soussigné;

A la requête de Joseph Cathala, maréchal à forge, de Pez, *juridiction de Pardailhan.*

Assignation a été donné à Paul et Jacques Marty, brassiers dudit mazage de Pez,

Au troisième jour après cest exploit par devant *MM. les officiers ordinaires dudit Pardailhan*, pour ....

11 FÉVRIER 1772

Jugement rendu par « *les officiers ordinaires de la Baronnie de Pardailhan.* »

12 FÉVRIER 1772

Signification de ce jugement avec commandement afin de saisie, par acte de Chavardes « *huissier en la Baronnie de Pardailhan, résidant à Saint-Chinian.* »

27 JUIN 1773

Vente notariée par Jean François Decor, fils ménager du mazage de Caupujol terroir et *juridiction de Pardailhan*, à Pierre Decor, d'un pré arrosant et hesme dans la mazade de Bessière, terroir dudit Pardailhan... « *quitte des tailles, usages et autres charges du pays jusqu'à aujourd'hui et pour toujours de tous obit et fondations, sixième et huitième denier, mais sujettes aux usages annuels contenus aux reconnaissances du seigneur, baron de Pardailhan, de la directe duquel lesdites pièces relèvent.* »

16 MARS 1786

Les officiers Gruyers en la justice ordinaire de Pardailhan, au premier huissier du sergent requis comme cejourd'hui est ici bas écrit :

A été plaidé la qualité entre *M. le Procureur fiscal en ladite justice et Gruierie*, demandeur en réparation du vol des glands commis dans les forêts de ladite Baronnie pendant le mois d'octobre et novembre dernier contre les coupables, fauteurs et complices dudit vol avec dépens, d'une part.

Et entre la nommée Marie...

Et entre *messire de Treil, seigneur baron de Pardailhan.*

....

Et recevant ledit baron de Pardailhan partie civile intervenante en l'instance, demeurant la disposition de l'article 21 du titre 25 de l'ordonnance de 1669, *en sa qualité de seigneur haut justicier et propriétaire des forêts de ladite Baronnie,* et attendu aussi *qu'en sadite qualité de seigneur haut justicier,* il a fourni aux frais et dépens exposés par ledit Procureur fiscal ci-dessus liquidés, déclarons toutes les condamnations ci-dessus prononcées en amendes, dommages et dépens adjugés au profit dudit seigneur baron de Pardailhan avec les mêmes contraintes et solidarités...

Donné au *château de Pardailhan dans la salle aux séances de justice,* le 16 mars 1786.

19 OCTOBRE 1789

L'an 1789 et le 19e jour du mois d'octobre, par nous Jean-Louis Combes, *huissier de la Baronie de Pardailhan,* résidant à St-Pons, soussigné.

A la requette de *noble François de Treil, seigneur baron de Pardailhan, St-Martial, St-Jean, la Caunette, Aignes et autres lieux,* habitant à

St-Pons, pour lequel M° Lutran, procureur au Sénéchal et présidial de Béziers, occupera en cette cause avec élection de domicile en sa personne et étude,

Avons donné assignation à (suivent les noms).

A comparoir au huitième jour après cet exploit pardevant M. le sénéchal de Béziers ou son lieutenant civil, pour :

Le premier assigné : Se voir condamner à payer au sieur Requerant entre les mains de Jean Cauquil, son homme d'affaires, tant le droit de fournage que les censives et usages de la courante année qu'il doit des biens situés dans la directe du sieur Requerant sur la liquidation qui en sera judiciairement faite par les reconnaissances dont le sieur Requerant justifiera en cas de contestation.

Le second assigné : Se voir condamner en l'amande qu'il a encourue pour avoir enfermé les années 1788 et courante année 1789, les ers et pois chiches qu'il a recueillis lesdites années à son bien dépendant de la directe du seigneur Requerant, sans l'avoir averti ni son préposé, et encore moins sans avoir payé le droit de tasque ; et se voir encore condamner à payer ledit droit de tasque sur l'estimation qui en sera faite par experts.

Le troisième assigné : Pour se voir condamner à payer le droit de fournage de la courante année, plus treize livres sept sols pour droits seigneuriaux, compte amiablement et verbalement arrêté avec Jean Cauquil, agent du seigneur Requerant, si mieux il n'aime suivant la liquidation qui en sera judiciairement faite sur les recognaissances que le seigneur Requerant offre de rapporter. Et encore se voir condamner à payer au seigneur Requerant le droit de lods à raison de.... de l'acquisition qu'il a faite d'une vigne à St-Martial de Decor de Capujol, dépendant de la directe du seigneur Requerant : auquel effet qu'il sera tenu de rapporter l'expédition de ladite acquisition pour pouvoir procéder à la liquidation dudit droit de lods : autrement permettre au sieur Requerant de la rapporter aux frais et dépens dudit Cabrol.

Je soussigné M⁰ Aimé Gros, notaire, domicilié à St-Pons (Hérault), dépositaire des minutes de Mᵐˢ Bartou et Gazel, notaires, audit St-Pons, en ma qualité de successeur médiat de ces derniers, certifie à qui il appartiendra, et partout où besoin sera :

1° Que, dans un acte en date du 15 décembre 1702, au rapport dudit Mᵉ Bartou, noble François de Portes, seigneur de Pardailhan, ainsi qualifié et ortographié dans ledit acte, ne s'est signé que *Pardailhan* tout court, sans faire précéder ce nom de celui de De Portes ;

2° Que, dans un autre acte en date du 24 octobre 1708, au rapport du même notaire, messire Jean-François de Portes, seigneur et baron de Pardailhan, ainsi qualifié dans ledit acte, ne s'est signé que *Pardailhan* tout court comme dessus ;

3° Que, dans un autre acte en date du 6 janvier 1746, au rapport dudit Mᵉ Gazel, notaire, messire François-Joseph de Portes de Pardailhan, chevalier, baron dudit lieu, ainsi qualifié et orthographié dans ledit acte, ne s'est encore signé que *Pardailhan* tout court.

4° Que, dans un autre acte en date du 14 du même mois de janvier, au rapport du même notaire, messire François Joseph de Pardailhan, ainsi qualifié et orthographié dans ledit acte, ne s'est encore signé que *Pardailhan* tout court, comme dessus ;

5° Que, dans un autre acte en date du 3 février 1748, au rapport du même notaire, messire François-Joseph de Portes, chevalier, marquis dudit lieu et baron de Pardailhan, ainsi qualifié et orthographié dans ledit acte, ne s'est encore signé, comme dessus, que *Pardailhan*, tout court ;

Qu'enfin les trois premiers de ces actes ont été signés par M. de Portes père, et les deux derniers par son fils.

Fait à St-Pons, le 19 mars 1869.

Signé : Aimé GROS.

LIVRE.

Contenant toutes les possessions des trois consulats qui composent *la terre de Pardailhan, avec l'usage et censive que chacun d'icelles fait au seigneur baron de Pardailhan, et tous les autres droits que ledit seigneur a le droit d'exiger dans sa terre.*

MAZADE DE PONGUIRAUD.

Ladite Mazade fait onze setiers sept ponières avoine de quatre quartes le setier et quatre ponières la quarte, mesure de pepieux, des usages annuels qu'elle fait audit seigneur, et que les habitants ou tenanciers d'icelle payent sur 62 l. d'allieurement sur laquelle ladite avoine départie revient pour chaque livre du compoix à trois ponières. Ladite Mazade fait encore audit seigneur quinze sols argent et une geline un quart évaluée à 10 sols la geline, ce qui revient en tout à une livre sept sols six deniers, départis sur le même allieurement et revenant pour chaque livre du compoix à 5 deniers. Enfin les habitants, chefs de maison de ladite Mazade sont assujettis aux droits de fournage et de serventage, et les dusages et censives sont réglés sur chacune de leurs possessions comme s'ensuit....

(In-folio de plus de 500 pages.)

TROISIÈME PARTIE

Droit de la famille de TREIL au nom de PARDAILHAN

(Page 77 du 1er mémoire.)

I

FRANÇOIS de TREIL, Baron de PARDAILHAN

(Page 57 du 1ᵉʳ mémoire.)

26 OCTOBRE 1750

L'an 1750 et le 26ᵉ jour du mois d'octobre, dans le château de Ponguiraud, dépendant de Pardaillan, diocèse de Saint-Pons de Thomières, après-midi, devant nous, notaire royal et apostolique dudit Saint-Pons, sous-signé et témoins bas nommés,

A esté présent *noble François de Treil, seigneur de Pardailhan*, conseiller secrétaire du roy en la chancellerie près la Chambre des comptes de Montpellier.

Lequel, par le présent acte a déclaré et déclare qu'il décharge du présent et à perpétuité, tant pour lui que pour ses successeurs et ayant cause, de tous droits seigneuriaux, lods, indemnité, censives et autres, le terrain où seront construits l'église paroissiale, cimetière et maison presbytériale audit lieu de Ponguiraud....

Alauze, notaire.

10 NOVEMBRE 1750

Vente notariée par « *noble François de Treil, seigneur de Pardailhan*, conseiller secrétaire du roy en la chancellerie près la souveraine Cour des comptes, aydes et finances de Montpellier. »

21 NOVEMBRE 1751

Extrait du registre du greffe de la maîtrise des eaux et forêts de Castres, du procès-verbal contenant la vérification de la forêt de Salbosc.

L'an 1751, et le 21e jour du mois de novembre,

Pardevant nous, Me Pierre-André Devigne-Lavit, lieutenant en la maîtrise des eaux et forêts de Saint-Pons; et M. Jean-Pierre Guibaud, faisant les fonctions de garde-marteau de la dite maîtrise dans la ville de Saint-Pons.

A comparu Mre François Treil, écuyer-secrétaire en la chancellerie près la Cour des comptes, aydes et finances de Montpellier, *baron de Pardailhan*, qui nous a dit que par ordonnance de M. Jean-Louis d'Anceau, chevalier, seigneur de Lavelanet et autres lieux, conseiller du roy en ses conseils, grand-maître enquêteur et général réformateur des eaux et forêts de France, au département du Languedoc, nous aurions été commis pour procéder, en présence du procureur du roy en ladite maîtrise et du suppliant, pour procéder à une visite exacte des forêts de Salbosc et de Mounier, *jouis par indivis par Sa Majesté et le suppliant....*

1759

Mémoire

Sur le partage demandé par le sieur Treil de Pardailhan, des terrains qui composaient autrefois les forêts appelées de Monier et de Salbosc, possédées en paréage entre le roy et ledit sieur Treil, comme propriétaire de la baronnie de Pardailhan.

Le paréage est justifié par des aveux de 1503 et 1550, et par un jugement de M. de Bezons et autres, commissaires des eaux et forêts du Languedoc, du 23 juillet 1663, qui a maintenu le baron de Pardailhan dans ce paréage.

8 MAI 1759

Arrêt du Conseil d'État du roy qui porte acceptation de l'échange proposé.

21 AOUT 1753

Acte de baptême à l'église Saint-Nicolas-des-Champs, à Paris, de « Louise-Marie, née d'avant-hier, fille de *François Treil de Pardailhan, écuyer*, et de dame Marie Ragon, son épouse. »

19 SEPTEMBRE 1762

Acte d'échange notarié passé « dans le château de Pardailhan, entre *noble François de Pardailhan*, baron et seigneur dudit lieu, d'une part, et Antoine Tarbouriech, du mazage de Rodomoul, terre dudit Pardailhan, d'autre part. »

17 SEPTEMBRE 1762

Acte d'échange notarié passé « dans le château de Pardailhan, entre *noble François de Pardailhan*, baron et seigneur dudit lieu et autres places, d'une part, et François Cathala du mazage de Cebaza, terroir de Pardailhan. » (1)

25 FEVRIER 1765

Vente notariée par Cathala « à *noble François de Pardailhan*, baron et seigneur dudit lieu. » (2)

---

(1) Ces deux échanges sont faits, pour l'un, *sauf le droit de lods réservé audit seigneur de Pardailhan*; et pour l'autre, avec cette observation que les terres échangées restent *sujettes aux usages annuels contenus aux recognaissances dudit seigneur de Pardailhan, dont lesdits champs relèvent, et au droit de lods réservé audit seigneur.*

(2) Les bois vendus sont déclarés quittes de toutes tailles et autres charges, attendu qu'ils *relèvent de la directe dudit seigneur acquéreur.*

27 NOVEMBRE 1768

Extrait d'une vente notariée par Landes « *à messire François de Pardailhan*, baron dudit lieu. »

28 NOVEMBRE 1768

Échange par acte notarié « *entre messire François Treil de Pardailhan*, baron et seigneur dudit lieu et Joseph Decor. »

28 NOVEMBRE 1768

Vente notariée par la veuve d'Antoine Clavel « *à messire François Treil de Pardailhan*, baron et seigneur dudit lieu. »

27 DÉCEMBRE 1770

Échange par acte notarié « *entre noble François de Treil , baron et seigneur de Pardailhan*, seigneur de la Caunette et autres lieux, d'autre part, et Benoît Benezet, demeurant dans la terre de Pardailhan. »

18 AOUT 1771

Production sur clauzion que baille devant vous, monsieur le sénéchal de Béziers ou V. L.

Noble François Trœil, seigneur et baron de Pardailhan, assigné et deffandeur.

Contre Mre Pons Marthe marquis de Thezan, comte de Pujol, demandeur.

Le premier adversaire prétendant que le produisant a restraint l'étendue du terroir et tailhable de Rieussec pour agrandir celui de Pardailhan.

. . . .

14 NOVEMBRE 1771

Procès-verbal de défaut dressé par Mᵉ Roger, notaire, à la requisition de « *noble François Detreil, seigneur baron de Pardailhan*, la Caunette et autres lieux, citoyen de la ville de Saint-Pons. »

5 JUIN 1775

Police d'afferme par acte sous seing-privé « *entre moy François de Treil, seigneur et baron de Pardailhan* et..... de tous les droits seigneuriaux de la paroisse de Saint-Jean..... »

Signé : Pᴀʀᴅᴀɪʟʜᴀɴ.

6 SEPTEMBRE 1779

Vente par acte notarié de l'office de conseiller secrétaire du roi, maison couronne de France, en la chancellerie près la Cour des Comptes, aydes et finances de Montpellier, par « *Thomas-François de Treil de Pardailhan, écuyer*, ancien mousquetaire de la 1ʳᵉ compagnie, au nom et comme procureur de *noble François de Treil, seigneur baron de Pardailhan*, la Caunette, Aigne et autres lieux, citoyen de Saint-Pons.

16 SEPTEMBRE 1779

A la Requeste de *M. François de Treil, seigneur baron de Pardailhan* et autres lieux, qui a élu domicile à Paris, chez Mᵉ Cayet, notaire, rue du Four.

Fait signifié et déclaré à Monseigneur le Garde des Sceaux de France.

Que ledit sieur de Treil s'oppose à ce qu'aucune lettre de provision de l'office de secrétaire du roy en la chancellerie près la Cour des Comptes.

aydes et finances de Montpellier, dont était pourvu feu M. Joseph Treil, son père, ne soient expédiées ni scellées.

27 SEPTEMBRE 1779.

L'an 1779, et le 27 septembre, a été baptisée Marie-Antoinette, née le 25 du courant, fille légitime de Jean Fabre et de Marguerite Laurence : le parrain a été messire Maurice de Villeneuve, fils légitime de messire Joseph de Villeneuve, ancien capitaine au régiment de Bourbon, et de dame Rose Amblard (1), et sa marraine, demoiselle *Marie Treil de Pardailhan, fille de noble François de Treil, seigneur de Pardailhan,* la Caunette et autres places, et de dame Marie Ragon. Présents : MM. Louis de Villeneuve, Pierre de Beunes, Honoré de Beunes, Paul Cesar de Saint-Martin.

6 FÉVRIER 1784

Vente notariée au profit de « *noble François de Treil, baron seigneur de Pardailhan, la Caunette, Aigue et autres places.* »

SANS DATE

Pierre-Gabriel Boutart, seigneur d'Espine, maître particulier commis en la maîtrise des eaux et forêts de Castres, au premier huissier, garde général du sergent requis à la requête de *noble François de Treil, baron de Pardailhan,* la Caunette et Aigue, habitant à Saint-Pons.

Ordonnons.....

______

(1) Petite-fille de Joseph de Treil.

15 OCTOBRE 1785

Vente notariée au profit de « *messire François de Treil, seigneur, baron de Pardailhan*, la Caunette, Aigne et autres lieux.

> (Dans le corps de l'acte, on lit à plusieurs reprises ledit messire de Pardailhan, et l'acte est signé « Pardailhan. »

18 FÉVRIER 1786

Vente notariée au profit de « *messire François de Treil de Pardailhan*, seigneur et baron dudit lieu, de la Caunette, Aigne et autres lieux, citoyen de Saint-Pons. »

1788

Armorial de la noblesse du Languedoc, généralité de Montpellier, par Louis de La Roque. 1860, in-8°, tome 1er, pages 529, 534 et 540.

Afin de donner dès à présent une nomenclature à peu près complète de la noblesse du Languedoc à la veille de la Révolution française, nous publions ici la liste des gentilshommes, qui ont signé, en 1788, le mémoire sur le droit qu'a la noblesse du Languedoc de nommer ses députés aux Etats-Généraux du royaume dans des assemblées convoquées par bailliages et sénéchaussées (Mémoire imprimé à Toulouse en 1788, *page 529*).

. . . .

DIOCÈSE DE CASTRES.

De Treil de Vallelongue.

De Treil de Saint-Martial.

(Page 534).

DIOCÈSE DE SAINT-PONS.

De Pardailhau.

(Page 540).

18 JUILLET 1790

L'an 1790, et le 18 juillet, dans le lieu de Pardailhan, le conseil général de la commune assemblé.....

M. Decor, maire, a dit qu'il lui a été signifié le 10 du courant un acte de la part de *M. le baron de Pardàilhan, cosseigneur de la communauté,* par lequel.....

(Voir l'acte du 10 juillet dans le 1er mémoire, *page 65*).

29 JUILLET 1790

A Monsieur le sénéchal de Béziers ou votre lieutenant général.

Supplie humblement le sieur François de Treil, fils aîné, chevalier de Saint-Louis, maître-d'hôtel du Roy, propriétaire de la Baronnie de Pardailhan, disant que le 16 juin dernier la commune de ce lieu jugea à propos de prendre une délibération qu'il fût statué qu'avant de payer les droits seigneuriaux qu'il avait coutume de percevoir, celui-ci serait tenu de représenter ses titres et les reconnaissances.

LUTRAUD, procureur.

En jugement, et cependant autorisons provisoirement le suppliant à percevoir lui-même, comme par le passé, les tasques, censives et autres droits seigneuriaux à lui appartenant, avec les injonctions et les deffenses requises, et sera la présente exécutée par provision, nonobstant tous empêchemens, ce 29 juillet 1790,

FANET.

28 AOUT 1790

A Monsieur le sénéchal de Béziers ou votre lieutenant général.

Supplie humblement le sieur François Treil, fils aîné, chevalier de Saint-Louis, maître d'hôtel du Roy, propriétaire de la Baronnie de Pardailhan, disant que, quoique par les décrets de la nation sanctionnés par lettres patentes du Roy on ait conservé aux différents propriétaires de fiefs la faculté de pouvoir se faire payer les tasques, champarts, agriers, écus et autres droits cy-devant seigneuriaux, néanmoins les habitants de Pardailhan.

Suit l'ordonnance qui autorise la perception.

26 THERMIDOR AN IX

Cession notariée par héritiers Gailhard, de Toulouse, « à la citoyenne Marie-Monique-Joséphine Treil, veuve de Joseph-François-Alexandre Planque, domiciliée à Saint-Pons, d'une créauce de 24,000 francs en numéraire, due par le citoyen *Treil Pardailhan*, habitant de Saint-Pons-de-Thomières, au département de l'Hérault. »

17 FLORÉAL EN IX

État de toutes les inscriptions hypothécaires prises jusqu'à ce jour au bureau des hypothèques de Saint-Pons, en exécution de la loi du 11 brumaire an VII, et subsistants contre la personne et sur les biens immeubles du citoyen français *Treil Pardailhan*, domicilié dans la commune de Saint-Pons.

II

THOMAS-FRANÇOIS de TREIL de PARDAILHAN

(Page 69 du 1ᵉʳ mémoire.)

---

20 MAI 1788

Démission, « *par le sieur baron de Pardailhan*, de l'état et charge d'enseigne dans la compagnie des Suisses de la garde du corps de Monsieur, » faite entre les mains de « Alexandre-Louis-Marie-François, prince de Saint-Maurice-Montbarey et du Saint-Empire, mestre de camp, commandant d'infanterie, capitaine-colonel de la compagnie des Suisses de la garde ordinaire du corps de Monsieur. »

8 MARS 1789

Par devant le notaire royal de la ville de Saint-Pons-de-Thomières, en Languedoc, soussigné et témoins bas nommés, furent présents : messire Jean-Joseph-Marie, marquis de Villeneuve, messire Cusson, chanoine précenteur en l'église cathédrale de cette ville et M. Ligot, négociant, commissaires et présidents des Trois-Ordres, nommés par délibération de la communauté du onze janvier dernier, lesquels ont fait et constitué leur procureur général et spécial, *messire Thomas-François de Treil, baron de Pardailhan*, chevalier de l'ordre royal et militaire de Saint-Louis.

Auquel lesdits constituants donnent pouvoir de pour eux et à leur nom se joindre partout où besoin sera, à messieurs les députés de la province actuellement à Paris, afin de faire tout ce qui sera trouvé nécessaire pour obtenir de Sa Majesté une nouvelle constitution, lui donnant tous pouvoirs généraux et suffisants pour proposer, remontrer, avouer et consentir à tout ce qui peut concerner les besoins de l'État, le bien de tous et de chacun les sujets de Sa Majesté : Promettant lesdits constituants, d'agréer et d'approuver tout ce qu'il fera, comme s'ils étaient eux-mêmes présents en personne. Soumettant, etc.

Fait et passé dans l'hôtel dudit messire de Villeneuve, ce jourd'hui, 8ᵉ mars 1789. En présence du sieur Xavier Roque fils, et du sieur Joseph Gavoy, négociant, citoyens de ladite ville, témoins requis et signés avec les constituants et nous, Jean-Baptiste Tarbouriech, notaire royal, requis soussigné, le marquis de Villeneuve, président de la noblesse ; Cusson, chanoine et précenteur, président du clergé ; Rigot, président du Tiers-État ; Roque, J. Gavoye, Tarbouriech, notaire commissionné à Saint-Pons, le 8ᵐᵉ mars 1789.

16 FÉVRIER 1791

Lettre du procureur de la commune (municipalité de Paris) « *à monsieur Treil Pardailhan*, électeur du canton de Villejuif, l'informant que l'assemblée électorale réunie à l'évêché métropolitain, vient de l'élire administrateur du département de Paris.

Suit la liste des administrateurs.

. . . .

36. Treil de Pardailhan, électeur a Villejuif.

16 JUIN 1791

Extrait du procès-verbal de l'assemblée primaire du canton de Villejuif, portant nomination de MM. les nouveaux électeurs, en date du 16 juin 1791.

Appert par icellui, *sieur Thomas-François Treil Pardailhan*, citoyen de Villejuif, électeur de 1790 et administrateur au département de Paris, âge de.... ans, avoir réuni 66 voix sur 95 votans.

En conséquence, il a été proclamé second électeur dudit canton de Villejuif.

28 SEPTEMBRE 1791

DÉPUTATION A LA PREMIÈRE LÉGISLATURE.

M. Treil Pardailhan, député du département de Paris à la première législature de France, a été enregistré en cette qualité aux archives nationales, le 28 septembre 1791.

30 NOVEMBRE 1794.

L'an 1791, et le 30ᵉ jour du mois de novembre, par moi, Pierre Sire, huissier au tribunal du district de Saint-Pons, y rezidant soussigné, à la requête de MM. le maire et officiers municipaux de la commune de Pardailhan, est exposé à *M. Treil, cy-devant seigneur dudit Pardailhan.*

14 GERMINAL AÑ IV

PASSEPORT.

Laissez passer le *citoyen Thomas-François Treil Pardailhan,* natif de Paris, domicilié à Villejuif....

16 PRAIRIAL AN VIII

Procuration notariée par *«Thomas-Françots Treil Pardailhan,* citoyen français, demeurant à Paris, rue de Grenelle Germain, nᵒ 1174. »

Signé : TREIL PARDAILHAN.

22 THERMIDOR AN IX

Certificat de résidence donné « *au citoyen Thomas-François Treil Pardailhan.* »

Signé : Treil Pardailhan.

22 THERMIDOR AN XIII

Passeport pour « *M. Treil Pardailhan* (Thomas-François) domicilié à Villejuif. »

8 OCTOBRE 1813

Acte de decès dressé à Autrciourt « de demoiselle Françoise-Hippolyte-Euphénie *Treil de Pardailhan,* âgée de trente ans et neuf jours, née à Villejuif, département de la Seine, le 29 septembre 1783, fille du sieur *Thomas-François Treil de Pardailhan* et de dame Jeanne — Charlotte Gauthier de Vinfrais, ses père et mère. »

3 DÉCEMBRE 1844

Acte de décès dressé à Autricourt de « madame Jeanne Charlotte Gauthier de Vinfrais, âgée de 86 ans, 4 mois, rentière, domiciliée à Autrecourt, néé à Villejuif, département de la Seine, le 4 août 1758, veuve de feu *M. de Treil de Pardailhan.*

JOSEPH-LOUIS-MARIE-ALEXANDRE de TREIL
de PARDAILHAN

FILS DE THOMAS-FRANÇOIS.

(Page 77 du 1ᵉʳ mémoire.)

Iᵉʳ JUILLET 1786

Frère Emmanuel de Rohan, par la grâce de Dieu, humble maître de la sainte maison de l'hôpital de Saint-Jean de Jérusalem, de l'ordre militaire du Saint-Sépulcre et de l'ordre de Saint-Antoine, et gardien des pauvres de Jésus-Christ,

A noble Joseph Aloys, ou Louis-Marie-Alexandre de Treil, fils de noble Thomas-François de Treil, baron de Pardailhan, et de Jeanne Charlotte Gautier de Vinfrais, notre bien-aimé, salut éternel en notre Seigneur.

Comme notre très-saint père Pie VI, par la providence divine pape, par sa lettre apostolique en forme de bref donnée à Rome à Saint-Pierre, sous l'anneau du Pécheur, le 13ᵉ jour de juin dernier, l'an 12ᵉ de son pontificat, a nous adressée, nous a autorisé et permis de t'accorder la faveur d'être reçu frère chevalier de la justice et la dispense d'âge nécessaire, et comme il nous a été demandé et supplié de ta part que nous daignions, en vertu de ladite autorisation à nous concédée, te recevoir au rang des frères chevaliers de la justice de notre vénérable Langue et du Prieuré de France, nonobstant ton jeune âge,

C'est pourquoi acquiesçant à cette supplique....................
....

14 OCTOBRE 1820

Lettre du ministre, secrétaire d'Etat de la maison du roi « *à M. le chevalier de Pardailhan* », lui annonçant que par ordonnance du 3 courant, le roi l'a maintenu dans la charge qu'il occupait auprès de sa personne, en le nommant maître de l'hôtel.

2 MAI 1821

Lettre du même « *à M. de Pardailhan, maître de l'hôtel,* » lui annonçant sa nomination de chevalier de la légion d'honneur.

7 NOVEMBRE 1827

Carte d'électeur, délivrée à « *Treil, baron de Pardailhan* (Joseph-Louis-Marie-Alexandre). »

17 MAI 1856

Acte de naissance dressé Autricourt, « de Louis-Charles-Arthur, fils de M. Joseph-Louis-Marie-Alexandre *de Treil, baron de Pardailhan,* chevalier de Malte et de la Légion d'honneur, ancien maître d'hôtel du roi, et de dame Françoise-Henriette-Caroline, comtesse de Neuville de Belle-Isle. »

31 JUILLET 1859

Acte de décès dressé à Autricourt « de M. Joseph-Louis-Marie-Alexandre *de Treil, baron de Pardailhan,* âgé de 74 ans, chevalier de Malte et de la Légion d'honneur, maire de la commune d'Autrecourt, époux de madame Françoise-Henriette-Caroline, « comtesse de Neuville de Belle-Isle. »

LOUIS-CHARLES-ARTHUR de TREIL
Baron de PARDAILHAN

FILS DU PRÉCÉDENT ET PARTIE AU PROCÈS.

---

2 OCTOBRE 1859

Acte de l'Etat civil de la commune d'Autricourt, par lequel « Louis-Charles-Arthur *de Treil, baron de Pardailhan*, » présente un enfant sans vie né de lui et de la dame son épouse.

30 NOVEMBRE 1861

Acte de mariage de « M. Louis-Charles-Arthur *de Treil, baron de Pardailhan*, » avec « Mlle Marie-Thérèse Legay d'Arcy. »

19 OCTOBRE 1862

Acte de naissance de Henri-François René, fils de « Louis-Charles-Arthur *de Triel, baron de Pardailhan*, et de Marie-Thérèse Legay d'Arcy. »

III

JEAN-ALEXANDRE-VINCENT-de-PAUL
de TREIL de PARDAILHAN

SECOND FILS DE FRANÇOIS DE TREIL (1).

(Page 78 du 1ᵉʳ mémoire.)

Archives du ministère de la Guerre.

Noms et signalement du militaire *de Treil de Pardailhan (Jean-Alexandre-Vincent-de-Paul)*, né vers 1762 à Saint-Fons de Tomière (Languedoc).

Détail des services.

Garde du corps du Roi à la Compagnie de Beauvau, devenue Noailles (1784), le 4 mai 1783.

Breveté lieutenant de cavalerie, le 1ᵉʳ avril 1788.

Sans mutation jusqu'à la suppression des Compaguies des gardes du corps, par décret du 22 septembre 1791.

12 OCTOBRE 1792

Il est permis à M. *de Pardailhan*, garde du corps du Roy de France,

---

(1) C'est par erreur si dans le premier mémoire il a été indiqué comme second fils de Thomas-François, dont au contraire il était oncle.

8

de s'absenter du corps jusqu'à ce qu'il reçoive de nouveaux ordres pour le reprendre.

A Arlon, le 12 octobre 1792.

Le duc DE GUICHE

Vu et approuvé ladite permission,

Le maréchal duc DE BROGLIE (1).

21 JUILLET 1795

Instruction pour *M. le comte de Pardailhan*, lieutenant-colonel au service de Mayence, chargé en chef du recrutement dans cette ville.

Louis–Joseph de BOURBON.

28 JUILLET 1795

Je soussigné certifie que *Monsieur le comte de Pardailhan* a servi pendant l'espace d'onze mois en qualité de lieutenant-colonel dans le corps d'infanterie légère de Son Altesse électorale de Mayence, avec tout le zèle et l'intelligence possible, et que ce n'est qu'à la réduction entière du corps qu'il a demandé et obtenu sa démission en qualité de lieutenant-colonel. Au surplus, je dois à la justice, comme chef et inspecteur de ce corps, de recommander M. le comte de Pardailhan comme un très bon et excellent officier, qui, dans toutes les occasions, a rempli ses devoirs avec la plus grande exactitude.

Mayence, le 28 juillet 1795.

Le comte D'HATZFEUL, *lieutenant-général.*

22 JANVIER 1798

Lettre datée de Londres, adressée par le chevalier de la Pelouze, au nom de *Monsieur*, « à *M. le comte de Pardailhan.* »

---

(1) Par erreur, cette pièce a été attribuée à Thomas-François dans le premier mémoire, page 75.

14 AOUT 1799

Paroisse de Saint-Mary-le-Bouc, dans le comté de Middlesex.

En l'an 1799, 14 août, *Alexandre Albert de Pardailhan, fils de Jean Alexandre, comte de Pardailhan*, et de Marie Magdelaine de Gros, né le 11 septembre 1798, baptisé le 14 du mois d'août 1799, dans la paroisse de Mary-le-Bouc, comté de Middlesex.

MAI 1814

Supplique au roi, signée : le comte DE PARDAILHAN.

En marge : J'atteste que *M. le comte de Pardailhan* m'a été adressé en 1799 par le général Villot, pour être employé comme colonel dans l'expédition du Midi, et qu'il a rempli ses fonctions avec zèle et fidélité.

Le Marquis de PUIVERT.

Autre apostille avec la même appellation de *comte de Pardailhan* par les commissaires du roi à Toulouse, de 1797 à 1803.

30 JUILLET 1814

Nomination de « *M. de Pardailhan, maire de Barthès,* » en qualité de sous-préfet à Saint-Pons (Hérault).

JANVIER 1823

Supplique de « *la comtesse de Pardailhan,* » après la mort de son mari.

FRANÇOIS-JOSEPH-MARTIAL de TREIL de PARDAILHAN

FILS AINÉ DU PRÉCÉDENT.

(Page 80 du 1er mémoire.)

1er JUIN 1838

Jugement du Tribunal de Saint-Pons, lequel « ordonne que l'acte de naissance du 16 germinal an IX, qui porte les noms *Treil Pardailhan*, sera rectifié en ce sens qu'il portera les noms et prénoms de *François-Joseph-Martial de Treil de Pardailhan.* »

Henri-Jean-Baptiste-Charles de TREIL de PARDAILHAN

FILS DU PRÉCÉDENT ET PARTIE AU PROCÈS

---

14 MAI 183

Acte de naissance dressé au 1ᵉʳ arrondissement de Paris, de « *Henri-*
« *Jean-Baptiste-Charles de Treil de Pardailhan*, né rue Monthabor,
« n° 22, hier, à 9 heures 1/4 du soir, fils du sieur *François-Joseph-*
« *Martial de Treil de Pardailhan*, propriétaire »...................
....

16 JUIN 1869

ÉTAT DES SERVICES.

Délivré le 16 juin 1869 par le vice-amiral directeur du personnel,
« à *De Treil de Pardailhan* (Henri-Jean-Baptiste-Charles), né le
« 13 mai 1832, à Paris (Seine).

Armand de TREIL de PARDAILHAN

SECOND FILS DE JEAN-ALEXANDRE-VINCENT-DE-PAUL ET PARTIE AU PROCÈS

1ᵉʳ JUILLET 1844

Jugement du tribunal de Saint-Pons, lequel « ordonne que l'acte de
« naissance du 9 novembre 1808, qui porte le nom *Treil*, sera rectifié en
« ce sens qu'il portera les nom et prénoms de *Armand de Treil de
« Pardailhan.* »

19 NOVEMBRE 1844

Acte de mariage, à Charleville, entre « *M. Armand de Treil de Par-
« dailhan.....*, fils majeur de feu *Jean-Alexandre-Vincent de Paul de
« Treil, comte de Pardailhan*, ancien sous-préfet de l'arrondissement de
« Saint-Pons.... et de dame Marie-Barbe Magdelaine Gross, son épouse,
« comtesse de Treil de Pardailhan;

Et demoiselle Elisabeth-Cardinal de Cuzey.,... »

7 JANVIER 1869

Par ordre du ministre secrétaire d'État de la Guerre,

Le Général Directeur certifie à tous qu'il appartiendra que des con-
trôles et documents déposés au ministère, il a été extrait ce qui suit :

De Treil de Pardailhan (*Armand*), *fils de Jean-Alexandre-Vincent de Paule* et de Marie-Barbe Madelaine Gross, né le 8 novembre 1808 à la Caunette, département de l'Hérault.

Entré au service à l'École de cavalerie de Saumur comme engagé volontaire, le 30 avril 1827 ;

Cavalier de 1re classe le 28 mars 1828 ;

Brigadier, le 29 avril 1829 ;

Maréchal-des-logis, le 16 septembre 1829 ;

Passé au 5e régiment de cuirassiers le 20 octobre 1829 ;

    — 6e   —   de lanciers le 26 avril 1830 ;

    — 2e   —   de chasseurs d'Afrique le 1er avril 1832 ;

Nommé sous-lieutenant le 8 novembre 1833 ;

Lieutenant le 31 juillet 1837 ;

Capitaine le 28 mai 1841 ;

Passé au 8e régiment de dragons le 1er septembre 1843 ;

Capitaine adjudant-major le 7 novembre 1845 ;

Chef d'escadron, 12e régiment de chasseurs, le 23 février 1852 ;

Lieutenant-colonel au 1er régiment de cuirassiers, le 30 nov. 1859 ;

Colonel au 5e régiment de lanciers, le 15 juin 1864 ;

Passé avec son grade dans la gendarmerie et nommé chef de la 24e légion le 15 juin 1864 ;

Nommé chef de la 13e légion de gendarmerie le 27 avril 1864 ;

Admis sur sa demande à faire valoir ses droits à la pension de retraite pour ancienneté de services, par décision ministérielle du 8 juin 1869 ; notifiée le 8 juin 1868.

·Campagnes.

1832, 1833, 1834, 1835, 1836, 1837, 1838, 1839, 1840, 1841, 1842, 1843 et 1859 en Afrique.

Citations.

Cité à l'ordre de la division par M. le lieutenant-général Boyer, commandant en chef à Oran, pour sa belle conduite à l'affaire du 23 octobre 1832, contre les Arabes, dans la plaine de Sidi-Schab-Has,

Cité à l'ordre de la division pour sa belle conduite, aux affaires des 6 et 21 juillet 1836,

Cité à l'ordre de l'armée le 8 novembre 1941 pour sa belle conduite à l'affaire de Moussa contre les Arabes et le 8 octobre précédent.

· Décorations.

Légion d'honneur...
{
Chevalier, le 19 avril 1843 ;
Officier, le 11 août 1855 ;
Commandeur, le 6 mars 1867.
}

Augustin-Frédéric de **TREIL de PARDAILHAN**

TROISIÈME FILS DE JEAN-ALEXANDRE-VINCENT-DE-PAUL ET PARTIE AU PROCÈS

---

24 NOVEMBRE 1813

Acte de naissance dressé à la Caunette de « *Augustin-Frédéric, né de* « *M. Jean-Alexandre-Vincent-Paul Treil de Pardailhan,* propriétaire...

25399 — IMPRIMERIE RENOU ET MAULDE, RUE RIVOLI, 144.

www.ingramcontent.com/pod-product-compliance
Ingram Content Group UK Ltd.
Pitfield, Milton Keynes, MK11 3LW, UK
UKHW031807170726
13836UKWH00003B/1252

9 782329 135168